U0897866

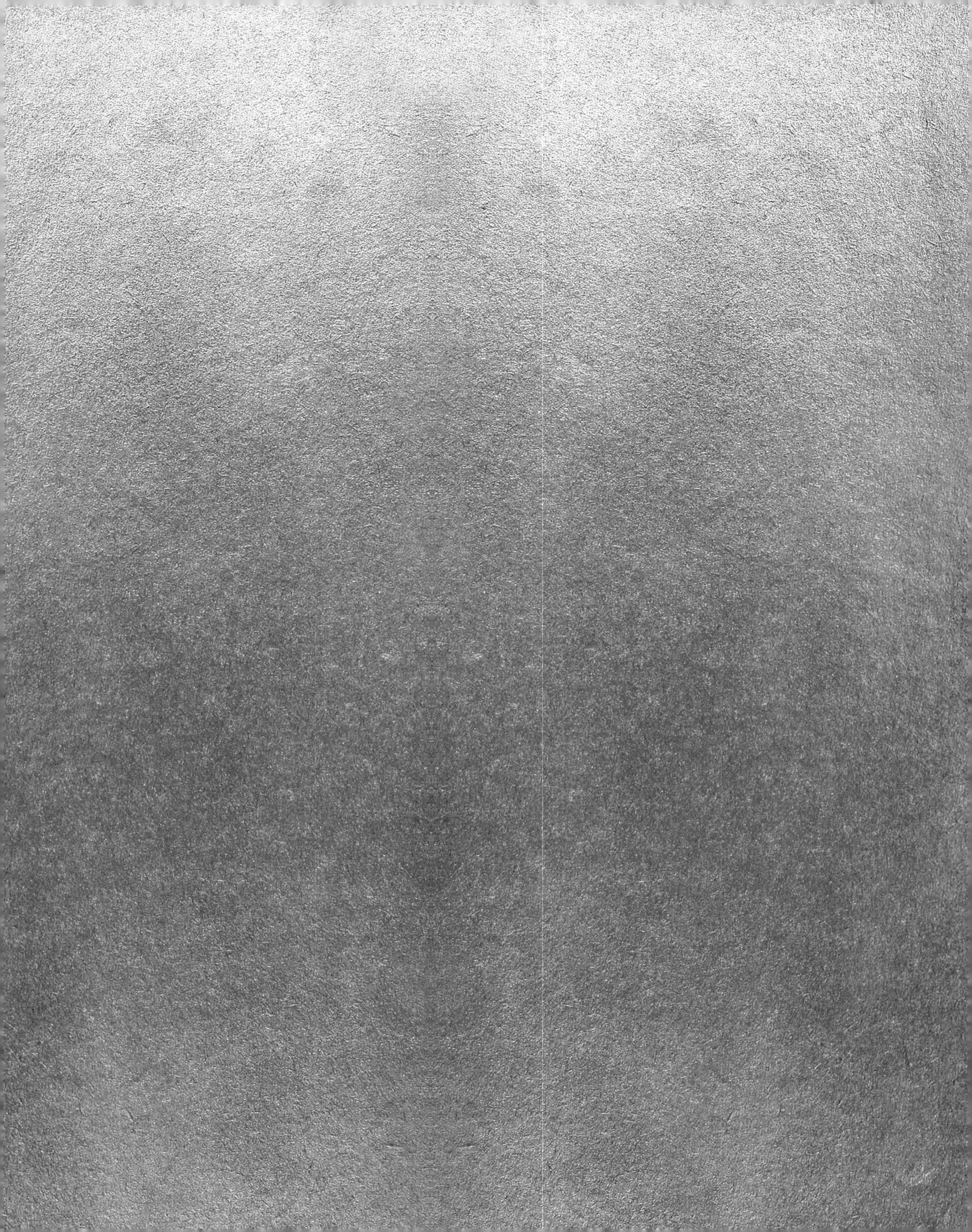

毛主席万岁

砥砺奋进七十年
祥云腾飞新阿里

中共阿里地委宣传部编写组 编著

人民东方出版传媒
People's Oriental Publishing & Media

图书在版编目（CIP）数据

砥砺奋进七十年 · 祥云腾飞新阿里 / 中共阿里地委宣传部编写组编著 . -- 北京：东方出版社，2023.5

ISBN 978-7-5207-1383-2

Ⅰ . ①砥… Ⅱ . ①中… Ⅲ . ①社会主义建设成就 – 阿里地区 Ⅳ . ① D619.752

中国版本图书馆 CIP 数据核字 (2022) 第 132837 号

砥砺奋进七十年 · 祥云腾飞新阿里
(DILI FENJIN QISHI NIAN · XIANGYUN TENGFEI XIN ALI)

编　　著：中共阿里地委宣传部编写组
责任编辑：王家欢　王若菡
装帧设计：李小清
出　　版：东方出版社
发　　行：人民东方出版传媒有限公司
地　　址：北京市东城区朝阳门内大街 166 号
邮　　编：100010
印　　刷：北京雅昌艺术印刷有限公司
版　　次：2023 年 5 月第 1 版
印　　次：2023 年 5 月第 1 次印刷
开　　本：787 × 1092 毫米　1/8
印　　张：25
字　　数：60 千字
书　　号：ISBN 978-7-5207-1383-2
定　　价：328.00 元
发行电话：(010) 85924663　85924644　85924641

本书编委会

序

སྙིང་གཞི།

阿里发展70年

ལོ་ངོ་༧༠མངའ་རིས་ཀྱི་འཕེལ་རྒྱས།

喜马拉雅山、冈底斯山、昆仑山、喀喇昆仑山巍巍耸立，狮泉河、象泉河、孔雀河、马泉河浩浩奔腾。

阿里地处祖国的西南边陲，位于青藏高原西端，平均海拔4500 米以上，被称为“高原的高原”“世界屋脊的屋脊”。

2021 年是中国共产党成立 100 周年，是西藏和平解放 70 周年，也是阿里和平解放 70 周年。短短 70 年来，在中国共产党的正确领导下，一批又一批像李狄三、彭青云、罗光燮、袁国祥、孔繁森、刘继华、王惠生、张宇、张良善、祁发宝…… 那样的英雄模范人物无私奉献，创造了老西藏精神、孔繁森精神，这片曾经无法抵达、千年沉寂的土地焕发勃勃生机，人民生活幸福美满，实现了跨越千年的历史巨变，创造了改天换地的人间奇迹。特别是党的十八大以来，在以习近平同志为核心的党中央亲切关怀下，在西藏自治区党委、政府的坚强领导下，在“两省三企”的无私援助下，阿里地委、行署团结带领全地区各族干部群众攻坚克难、艰苦奋斗、砥砺奋进，办成了一件又一件大事，实现了一次又一次跨越，各项事业取得了历史性成就，书写了新时代阿里建设新篇章。

今天，我们用摄影艺术全方位展示阿里和平解放 70 周年，特别是党的十八大以来取得的辉煌成就，展现阿里各族儿女在中国共产党的坚强领导下，在稳定、发展、生态、强边等方面取得的翻天覆地变化，为庆祝中国共产党成立 100 周年、西藏和平解放 70 周年献礼。

砥砺奋进七十年·祥云腾飞新阿里

序

གླེང་གཞི།

阿里发展 70 年

ལོ་ངོ་༧༠མངའ་རིས་ཀྱི་འཕེལ་རྒྱས།

1

加强民族团结 建设美丽西藏

第一章

ལེའུ་དང་པོ།

祥和的阿里

1950年7月31日，进藏英雄先遣连以顽强的革命毅力，克服重重困难，率先挺进阿里，以63名官兵的生命为代价，换取了阿里和平解放。

1952年10月1日，阿里分工委正式成立；1965年，中共阿里地区委员会成立。中国共产党团结带领翻身农奴和各族干部群众，栉风沐雨，经受住了历史的考验和洗礼。

阿里各族人民紧紧跟随中国共产党，步入了历史上祥和稳定的最好时期。

解 放 阿 里

先遣连高举红旗向西藏大进军
1950 年 8 月，新疆于田

◄

先遣连进入昆仑山海拔 5000 米地带
1950 年 8 月，昆仑山脉

▼

先遣连与安志明部进驻阿里首府噶大克
1951 年 8 月 3 日，噶尔县

◄

进藏先遣连纪念馆
2020 年 5 月，改则县

►

先遣连驻扎地两水泉
2020 年 5 月，改则县

◄

先遣连驻扎地多木
2020 年 5 月，改则县

藏先遣连纪念馆中展出的《五项协议》
)20 年 5 月，改则县

《五项协议》

一、噶本政府承认人民解放军进驻扎麻芒堡地方，协助人民解放军和平进驻阿里；

二、人民解放军保证尊重藏民风俗习惯，实行宗教信仰自由，实行民族平等，保护喇嘛寺庙，不住喇嘛寺庙；

三、人民解放军保护藏民群众利益，不要藏民一粒粮食，不拿群众一针一线；

四、人民解放军尊重噶本政府 不干涉阿里噶本的行政事务；

五、噶本保证以兄弟态度对待解放军，双方建立友好关系，并协助解放军开展群众工作。

中国人民解放军代表：李狄三　　阿里噶本政府代表：扎西才让

一九五零年十一月二十一日

1950 年 12 月 30 日，毛泽东给阿里噶本政府代表的回信
2020 年 5 月，改则县

▼

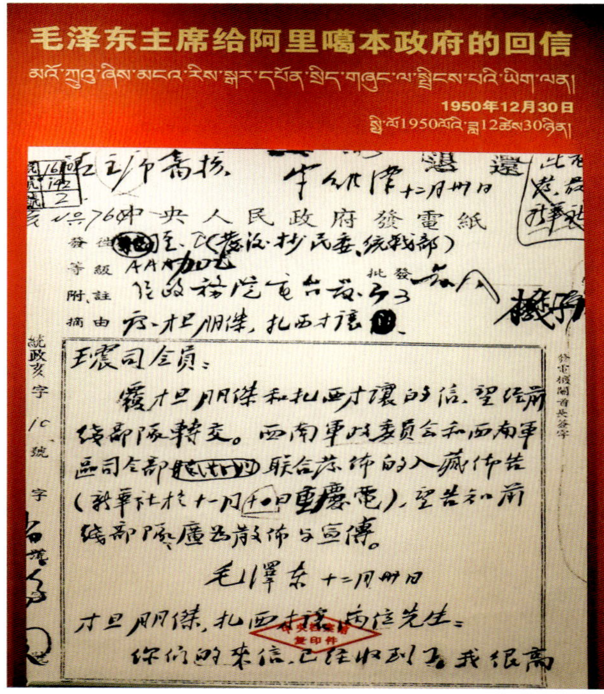

毛泽东主席给阿里噶本政府的回信

1950年12月30日

中央人民政府發電紙

琛司令员：

霞才旦朋楚和扎西才让的信，望经前线部队转交。西南军政委员会和西南军区司令部联合发布的入藏布告（新华社於十一月十日重庆电），望告知前线部队广为散布与宣传。

毛泽东 十二月卅日

才旦朋楚、扎西才让两位先生：

你们的来信已经收到了，我很高

1950 年 10 月先遣连驻扎地扎麻芒堡
2020 年 5 月，改则县

▲

建 设 阿 里

མངའ་རིས་འཛུགས་སྐྲུན་བྱེད་པ།

黑阿公路试线通车
1957 年 7 月，噶尔县

阿里骑兵支队在自行修建的营房办公室外合影
1954 年，噶尔县

▼

新藏公路通车
1957 年 12 月

◀

噶普公路通车
1958 年 5 月，噶尔县

◀

藏族青年茶话会
1958 年 5 月，噶尔县

▼

机关干部帮藏族同胞收割
1958 年 10 月，普兰县

▲

机关女干部在打土块
1959 年，噶尔县

阿里分工委修建的围墙和碉堡
1959 年 5 月, 噶尔县

◀

碉堡遗址
2021 年 8 月, 噶尔县

▼

阿里分工委纪念馆
2021 年 8 月，噶尔县

▲

革吉直属库遗址
2021 年 4 月，革吉县

▼

阿里分工委外景
2021 年 8 月，噶尔县

▼

师为学生辅导作业
020 年 5 月，狮泉河镇

众在健身
019 年 4 月，噶尔县

选购商品
2018 年 7 月，狮泉河镇

▲

卖酸奶
2020 年 10 月，狮泉河镇

►

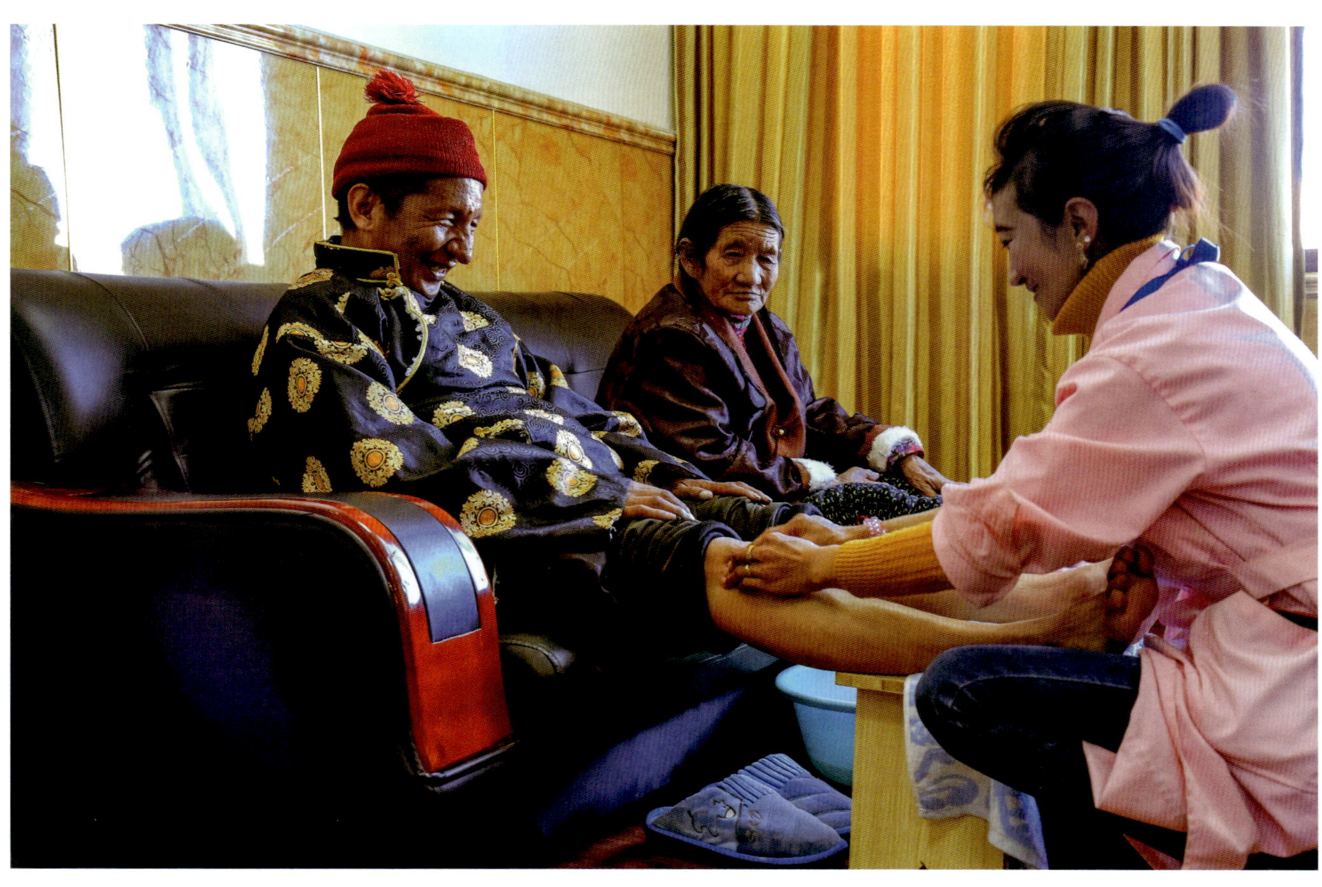

“双集中”护理员为老人护理
2020 年 5 月，狮泉河镇

▲

牧区妇女在捻线
2020 年 6 月，日土县

普兰“飞天服饰”
2021 年 7 月，普兰县

▼

森郭服饰
2020 年 5 月，改则县

▲

底雅服饰
2021 年 3 月，札达县

▼

日土服饰
2018 年 7 月，日土县

◀

革吉服饰
2021 年 3 月，革吉县

▼

传统服饰
2019 年 2 月，普兰县

▲

跳宣舞
2019 年 7 月，札达县

▲

欢快的锅庄舞
2019 年 10 月，狮泉河镇

▼

节日氛围
2020 年 1 月，狮泉河镇

▲

敬酒
2019 年 2 月，狮泉河镇

▼

民族大合影
2020 年 7 月，噶尔县

vision

颂党恩

2019 年 10 月，狮泉河镇

▲

兴乡村
拥核心
共致富
感党恩

第二章

ལེའུ་གཉིས་པ།

繁荣的阿里

和平解放70年以来，在党中央的特殊关怀下，在区党委、政府的坚强领导下，在“两省三企”的无私援助下，在阿里地委、行署团结带领下，在全地区各族干部群众的共同努力下，阿里地区始终坚持把改善民生、凝聚人心作为经济社会发展的出发点和落脚点，各方面发展呈现出良好态势。

特别是党的十八大以来，一大批重点项目启动，一个欣欣向荣、繁荣发展、人民安居乐业的新阿里屹立在世界屋脊。

日　新　月　异

阿里高原上放映的第一场电影
1954 年，噶尔县

▲

阿里高原上的第一辆自行车
1956 年，噶尔县

►

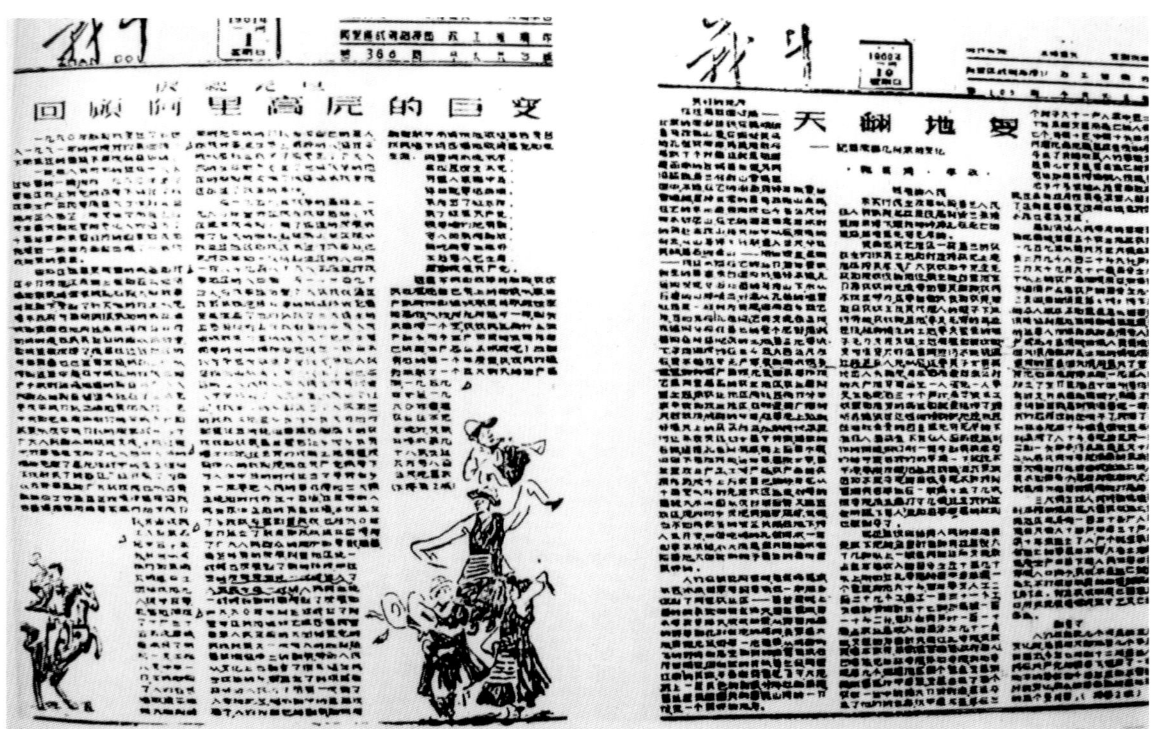
回顾阿里高原的巨变

天翻地覆

阿里分工委出版的第一份报纸《战斗报》
1959 年 4 月，噶尔县

▲

从拉萨开到阿里的第一辆小汽车
1957 年 7 月，噶尔县

▼

我军第一架直升机降落狮泉河镇
1983 年，噶尔县

▲

第一个藏族女拖拉机手关觉旺姆在农场耕作
1986 年，日土县

►

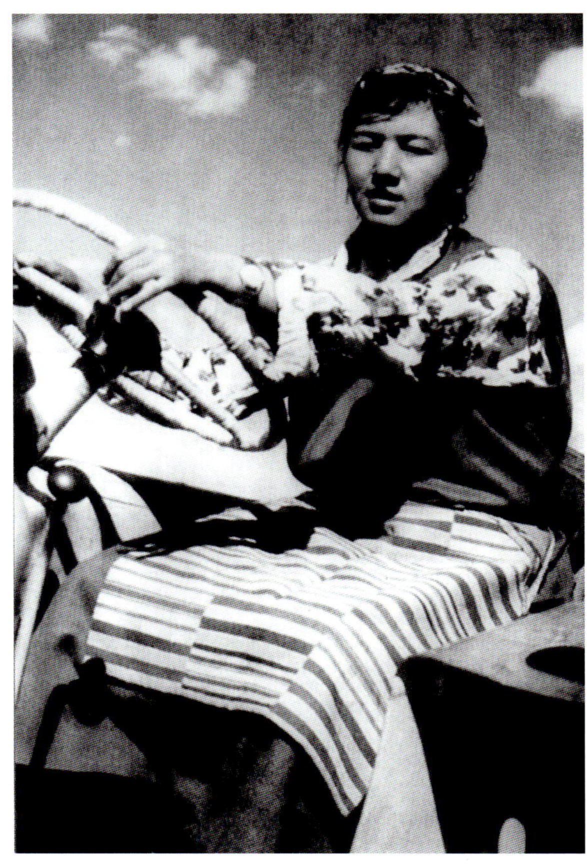

狮泉河镇全貌
2020 年 5 月，噶尔县

▲

科迦村
1954 年, 普兰县

▲

科迦村
2020 年 8 月, 普兰县

▼

扎西岗乡小学
1956 年，噶尔县

▲

普兰小学音乐教室
2019 年 2 月，普兰县

▼

昆莎乡建立转播广播电台
1960 年，噶尔县

▲

阿里广播电视台
2020 年 7 月，狮泉河镇

▼

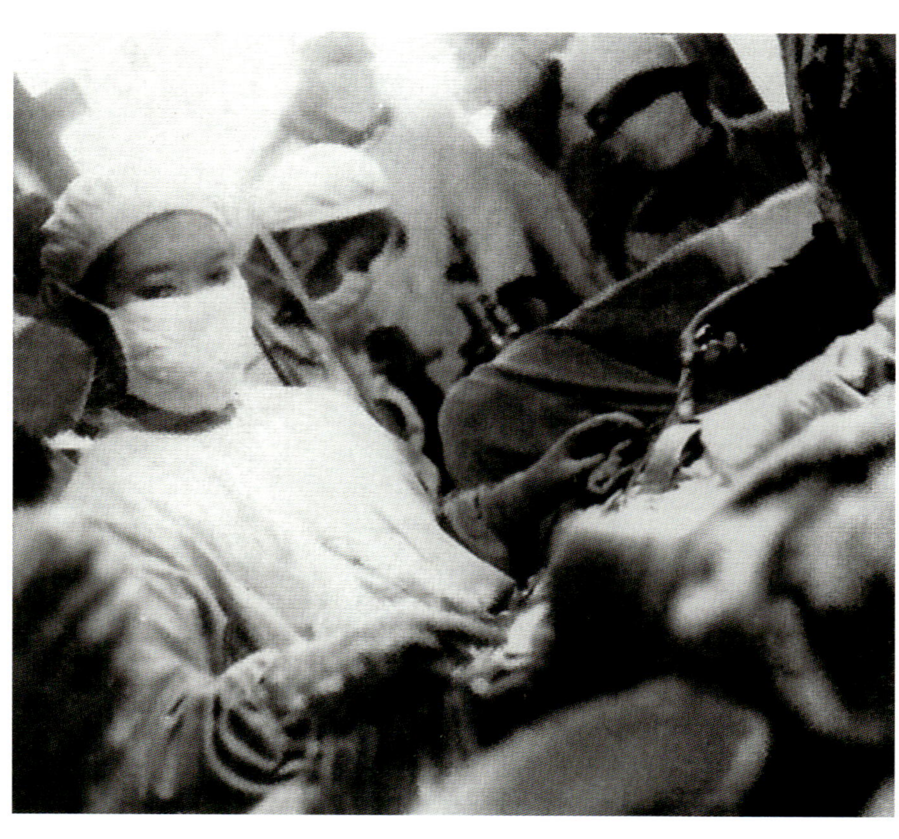

阿里地区的医生们为牧民患者做手术
1964 年，噶尔县

▲

援藏医疗队实施脾破裂抢救手术
2016 年 7 月，狮泉河镇

▼

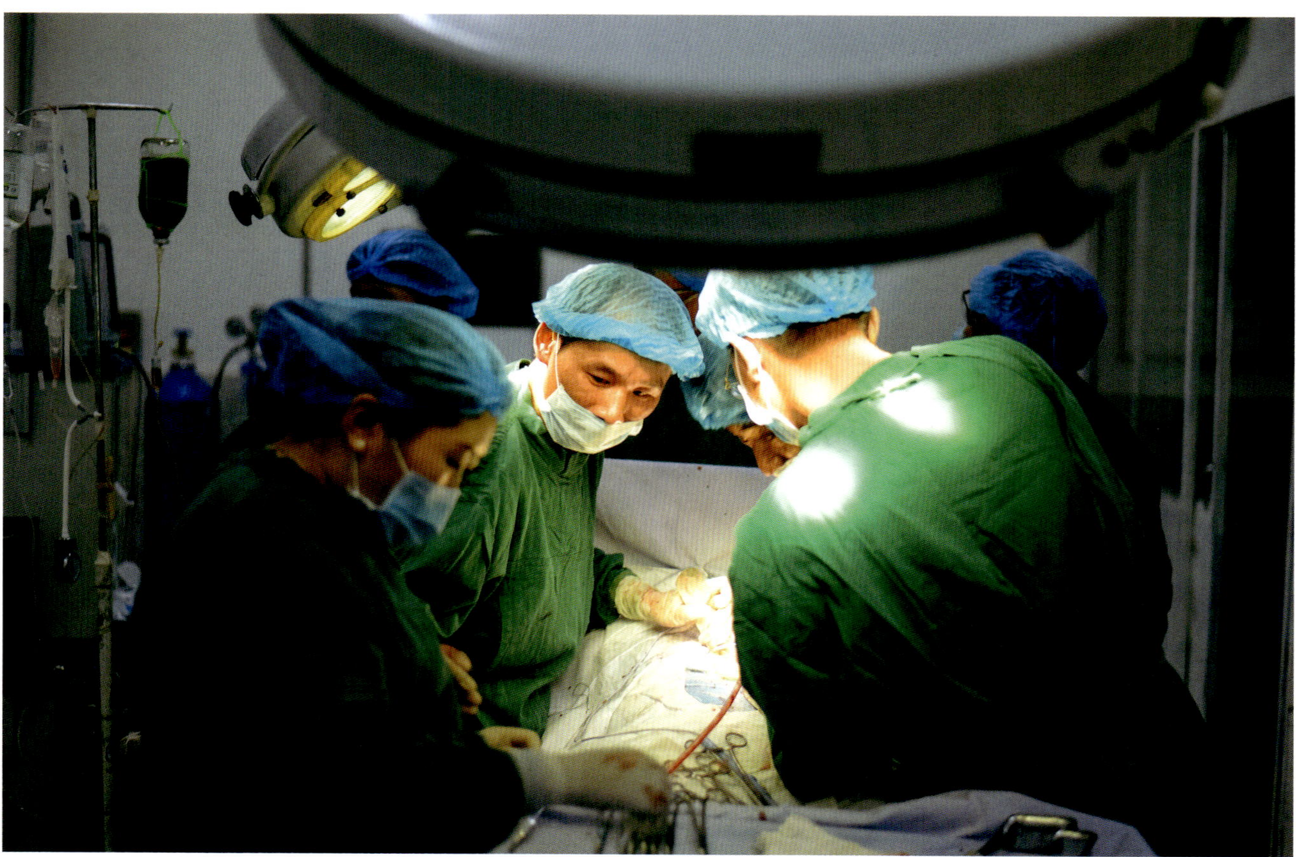

农耕
1985 年 5 月，普兰县

◄

机械化耕种
2019 年 5 月，普兰县

▼

狮泉河岸边景象
2004 年，狮泉河镇

▲

狮泉河一河两岸
2018 年 4 月，狮泉河镇

▲

医务工作者下乡看病送药
1958 年 8 月，普兰县

▲

商业部门送货下乡，受到藏族妇女欢迎
1958 年，普兰县

▼

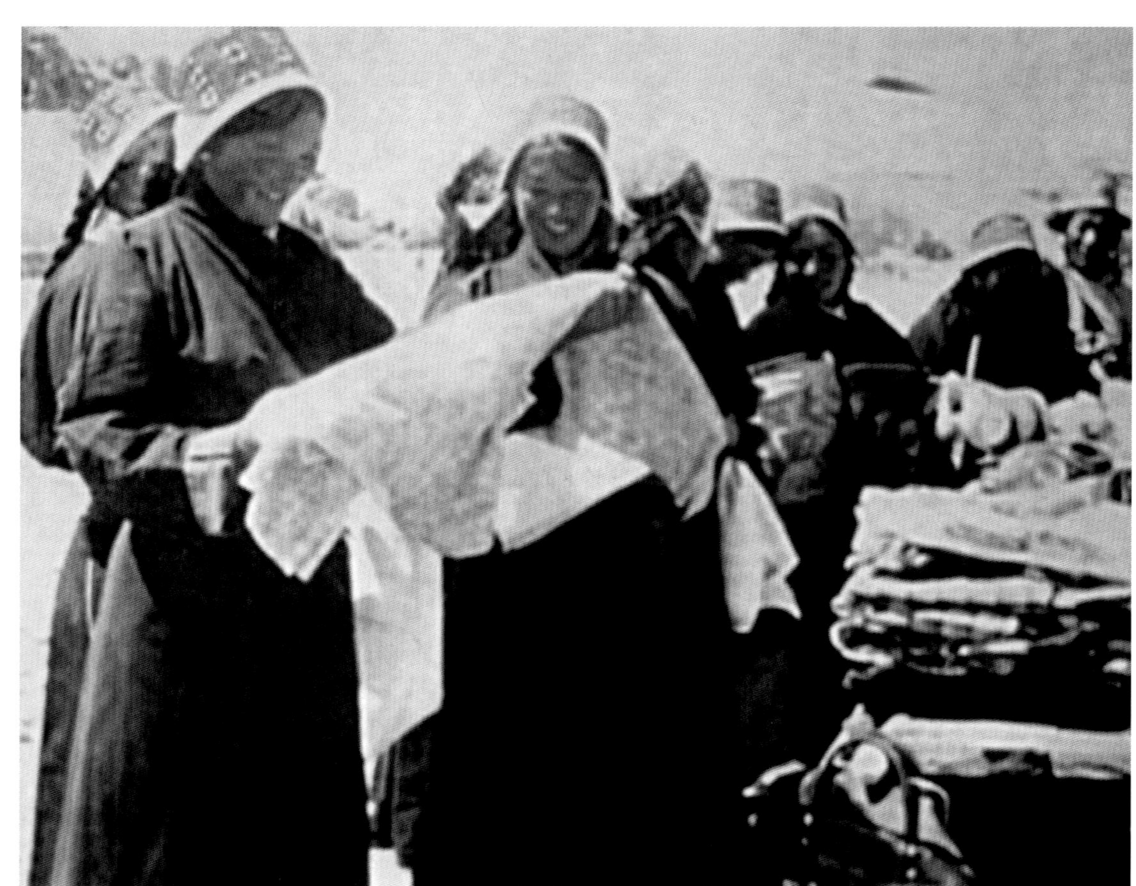

阿里人民银行宣传贷款政策
1958 年

▲

阿里进行轰轰烈烈的民主改革
1959 年，噶尔县

▼

昆莎小学师生在阿里分工委大门前合影留念
1961 年 6 月，噶尔县

◄

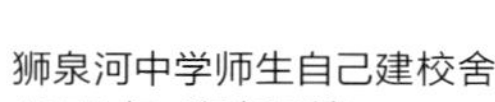

狮泉河中学师生自己建校舍
1970 年，狮泉河镇

►

狮泉河气象站建成
1973 年 8 月，噶尔县

►

阿里中学运动会入场式
1979 年，噶尔县

▲

朗久第一期发电工程开工典礼
1987 年，噶尔县

▼

象雄广场
2001 年 6 月，狮泉河镇

▲

现代化新城
2001 年 7 月，狮泉河镇

▼

阿里体育馆
2001 年，噶尔县

▲

“乡乡通邮”工程启动仪式现场
2005 年 6 月，狮泉河镇

▲

阿里昆莎机场建成通航
2010 年 7 月，噶尔县

►

AIR CHINA
B-6226

欢快
2020 年 10 月，措勤县

►

畅游阅览室
2015 年 8 月，噶尔县

▼

六一儿童节
2021 年 6 月, 革吉县

▲

巡诊
2016 年 4 月, 狮泉河镇

▼

昆莎机场
2019 年 8 月，噶尔县

▲

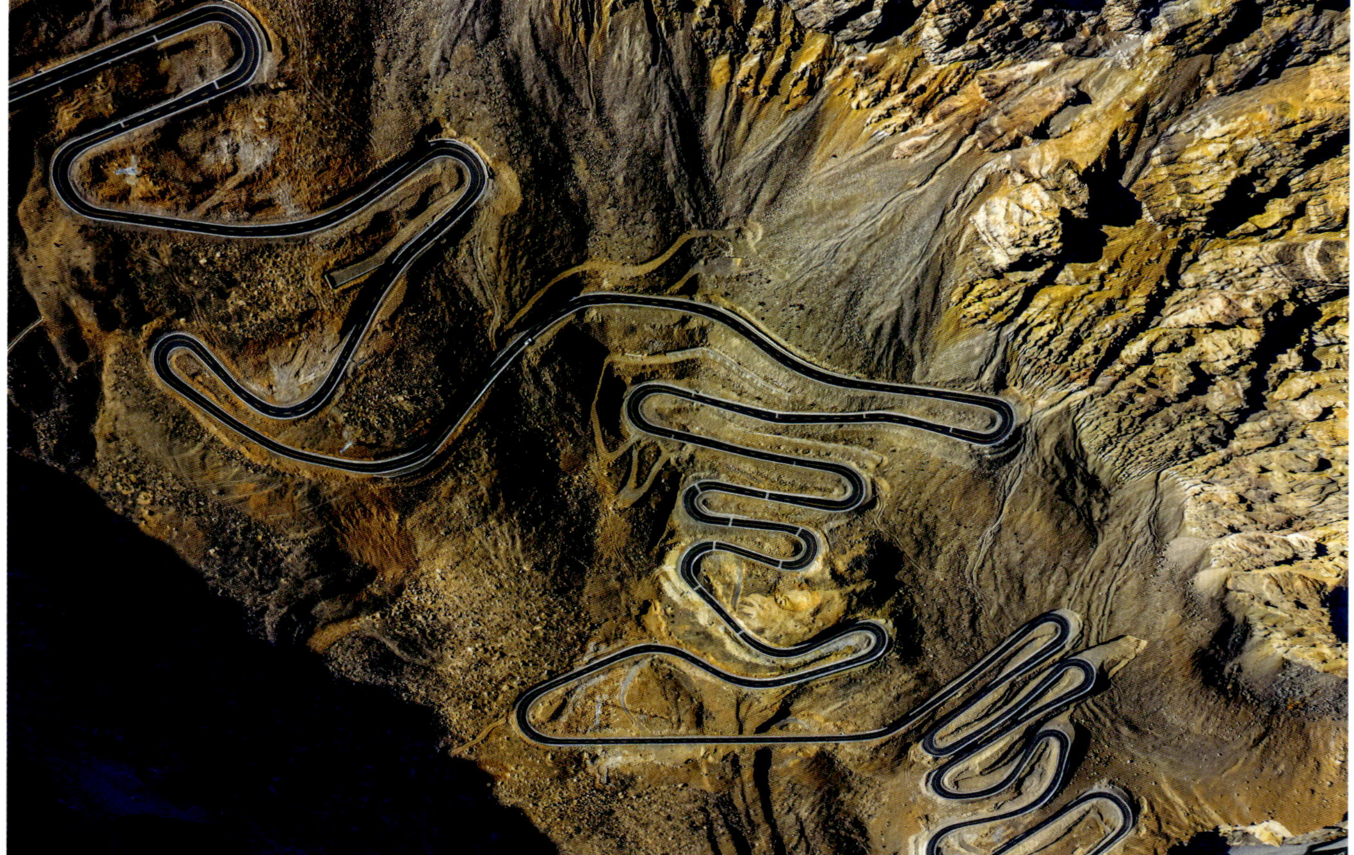

秘境之路
2021 年 4 月，札达县

◄

湖面公路
2021 年 5 月，改则县

2005 年修建的狮泉河水电站
2019 年 6 月，狮泉河镇

▲

狮泉河光伏电站
2018 年 9 月，狮泉河镇

◀

阿里告别“电网孤岛”
2020 年 11 月，普兰县

▲

热电联产
2021 年 5 月，狮泉河镇

►

阿里天文台
2021 年 7 月，噶尔县

▲

冬日晨景
2020 年 1 月，狮泉河镇

▲

绿色城镇
2020 年 7 月，狮泉河镇

▲

噶尔广场
2020 年 9 月, 狮泉河镇

▲

绚烂夜景
2019 年 6 月, 狮泉河镇

▼

"双集中"供养中心
2021 年 8 月，狮泉河镇

▲

圆梦新居
2020 年 10 月，改则县

▼

康乐新居
2018 年 9 月，狮泉河镇

▲

日落小区
2018 年 9 月，狮泉河镇

多 姿 多 彩

རྣམ་པ་སྣ་ཚོགས་པ།།

高海拔蔬菜种植基地
2015 年 7 月，狮泉河镇

▼

章仓三湖天然盐
2021 年 5 月，革吉县

▲

沙棘产品
2020 年 10 月，札达县

►

西德村糌粑
2020 年 10 月，普兰县

▲

糌粑饼干
2020 年 10 月，普兰县

▼

羊毛加工
2020 年 10 月，日土县
►

良种场
2020 年 11 月，札达县
▼

迁群众在编织地毯
020 年 10 月，狮泉河镇

民族服装加工
2020 年 8 月，革吉县
▲

白山羊绒制品
2020 年 10 月，日土县
▼

乌江农田
2020 年 8 月，日土县

▶

牧归
2019 年 5 月，噶尔县
◄

收青稞
2021 年 10 月，普兰县
▲

村合作社分红
2021 年 4 月，普兰县
▼

呐喊助威
2018 年 7 月，日土县

◀

跑马比赛
2016 年 3 月，噶尔县

▼

妇女拔河
2016 年 3 月，普兰县

►

马背“抢”红包
2019 年 10 月，日土县

◄

马术表演
2019 年 10 月，日土县

▼

抱沙袋
2020 年 10 月，噶尔县
▶

自行车赛
2019 年 10 月，日土县

噶尔县县城全景
2021 年 5 月

▲

革吉县县城全景
2021 年 5 月

▲

措勤县县城全景
2019 年 10 月

▲

改则县县城全景
2020 年 10 月

▲

日土县县城全景
2021 年 11 月

▲

普兰县县城全景
2021 年 3 月

▲

札达县县城全景
2020 年 1 月
◄

第三章

ལེའུ་གསུམ་པ།

和谐的阿里

ཞི་མཐུན་མངའ་གནས་པ་ཀྱི་མངའ་རིས།།

绿水青山就是金山银山，冰天雪地也是金山银山！和平解放 70 年来，特别是党的十八大以来，阿里地区着力打造“藏西秘境 · 天上阿里”“游第三极峡谷 · 看古象雄文化”等主题形象，深入贯彻落实习近平生态文明思想，大力实施国土绿化工程，筑牢生态安全屏障，以构建和维护青藏高原国家生态安全屏障为核心，以改善生态环境质量为目标，坚持把生态环保作为底线、红线、高压线，强化污染防治和环境监管，实施生态修复和治理，推进阿里地区生态环境保护高质量发展。先后开展了“两江四河”流域造林绿化工程、天然林资源保护工程、重点区域造林工程等国土绿化项目，持续推进义务植树、四旁植树、庭院绿化活动，实现绿化面积逐年增加，“无树村”“无树户”数量逐年减少，为构建生态安全屏障、改善人居环境打下了坚实的基础。

阿里地区大部分区域仍处于原生状态，生物多样性和生态系统总体保持稳定，已成为国家生态安全屏障的重要组成部分，是重要生物物种的栖息地和保护基地、国家生态文明高地建设的重要地区，是世界上生态环境质量最好的地区之一。境内野生动植物资源丰富，有哺乳动物 26 种、鸟类 83 种、鱼类 13 种、爬行类 4 种，以及 200 余种昆虫和 20 余种轮虫类动物。共建立各类自然保护区 15 个，国家级森林、湿地公园 3 个，总面积达 16.7 万平方公里；大力实施国土绿化和机关单位庭院绿化行动，持续推进狮泉河盆地生物防沙治沙工程，完成工程造林 5.3 万亩，植树 885 万株，种草 6100 亩，狮泉河镇风沙得到有效遏制；扎实推进“厕所革命”，户用厕所增至 11656 座，公共厕所增至 425 座。截至 2021 年底，6 个县的县城综合管廊、给排水、污水处理项目已全部建成，7 个县的生活垃圾实现资源化、减量化、无害化处理目标，空气优良天数达到 99% 以上。

阿里告别了“天上无飞鸟、地上不长草、千里无人烟、风吹石头跑”的恶劣环境。如今的阿里高原到处是绿树成荫，水草丰美，野生动物安详自在，处处呈现人与自然和谐共生的美好景象。

旖旎风光

སྣ་ཀྲ་ཚུག་ཁ་ཀྲེ་ཡུ་བ་མཛེ་ཡ།།

底斯山与纳木那尼峰
19 年 5 月，普兰县

冈底斯山脉主峰
2020 年 1 月, 普兰县

▲

牧姑娘
021 年 3 月，普兰县

◀

纳木那尼峰
2018 年 4 月，普兰县

▼

玛旁雍措
2021 年 11 月，普兰县

▲

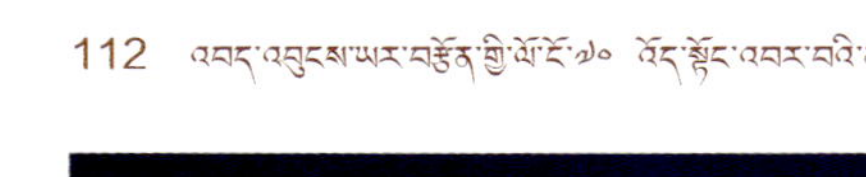

玛旁雍措日出
2018 年 4 月，普兰县

◀

拉昂措
2019 年 12 月，普兰县

▼

扎日南木措
2021 年 5 月, 措勤县

▲

班公湖
2020 年 11 月, 日土县

▼

热措
021 年 4 月，日土县

德汝雄湿地
2020 年 10 月，日土县

►

达雄措
2021 年 5 月, 措勤县

◄

狮泉河湿地
2018 年 9 月，噶尔县

▲

红柳公园
2018 年 9 月，噶尔县
▲

穹窿银城
2019 年 1 月，札达县

►

古格日出
2020 年 1 月，札达县

▲

光影下的古格
2019 年 4 月，札达县

▼

防沙治沙初显成效
2020 年 8 月，狮泉河镇

►

沙画般的土林
2020 年 1 月，札达县
▲

千姿百态的土林
2017 年 7 月，札达县
▼

奇妙的土林
2021 年 4 月，札达县

◄

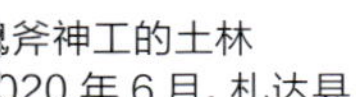

斧神工的土林
020 年 6 月，札达县

星空下的冈仁波齐
2018 年 10 月，普兰县

▶

暗夜公园
2021 年 6 月，噶尔县

▲

阿里星空
2018 年 9 月，噶尔县

普兰星空
2018 年 8 月，普兰县

古格星空
2020 年 10 月，札达县

▲

动 物 乐 园

སྲོག་ཆགས་སྐྱིད་ཁོར།

成群结队的野牦牛
2021 年 4 月，日土县

▲

金丝野牦牛
2020 年 5 月，改则县

▼

野牦牛
2021 年 4 月，日土县

◀

凶悍
2021 年 4 月，日土县

▼

盘羊
2020 年 8 月，札达县

▲

岩羊
2021 年 2 月，札达县

▼

藏羚羊
2019 年 4 月，改则县

▲

藏狐
2019 年 10 月, 普兰县

▲

棕熊
2021 年 4 月, 改则县

▲

藏野驴
2020 年 11 月, 普兰县

▼

黑颈鹤
2021 年 4 月，日土县

▲

黑颈鹤回南方
2018 年 4 月，普兰县

▼

雪豹
2021 年 4 月，改则县

◄

雌性原羚羊
2021 年 2 月，噶尔县

▲

原羚羊
2021 年 2 月，普兰县

▼

群狼觅食
2019 年 2 月，噶尔县

◄

第四章

ལེའུ་བཞི་པ།།

坚毅的阿里

[illegible]མངའ་རིས།

70 年来，阿里地区成就辉煌，强边事业全面加强，共建军民鱼水情深。坚持屯兵和安民并举、固边和兴边并重，大力实施以“神圣国土守护者、幸福家园建设者”为主题的乡村振兴战略，强边事业取得全方位进步和历史性成就。建成 37 个边境小康村，受益群众共 5756 户 21205 人。边境乡镇、行政村公路通畅率分别达 90%、87%，边境乡村通邮率达到 100%、行政村通信率达到 98%。普兰糌粑、札达苹果、噶尔蔬菜、日土白绒山羊等特色产业初具规模。边境 4 个县全部摘帽、建档立卡贫困人口 1906 户 6703 人全部脱贫，边境县农牧民人均可支配收入超过全地区平均水平。

我军在普兰边防前线设立哨所，结束了阿里有边无防的历史
1951 年 8 月，普兰县

▲

普兰解放军骑马到强拉山口巡逻
1952 年 3 月，普兰县

►

边防战士在收听中央广播
1956 年，普兰县

前指司令员何家产指挥战斗
1962 年，日土县

▲

藏胞向我军报告印军入侵情况
1962 年，日土县

▼

民兵在边境巡逻
2021 年 3 月，噶尔县
▲

巡边
2020 年 10 月，日土县
▼

牧民巡边员
2021 年 1 月，噶尔县

▲

巡边人员开心时刻
2021 年 3 月，噶尔县

▼

冒雪巡逻
2017 年 6 月，狮泉河镇
▲

“红袖标”巡逻队
2016 年，狮泉河镇

检验进口物资
2016 年 9 月, 普兰县

▲

打击走私行动
2013 年 3 月, 普兰县

▼

铲雪边境公路
2015 年 5 月，普兰县

▲

抢修道路
2011 年 7 月，噶尔县

▼

边境公路
2019 年 7 月，普兰县

▲

讲述红色故事
2018 年 9 月，噶尔县

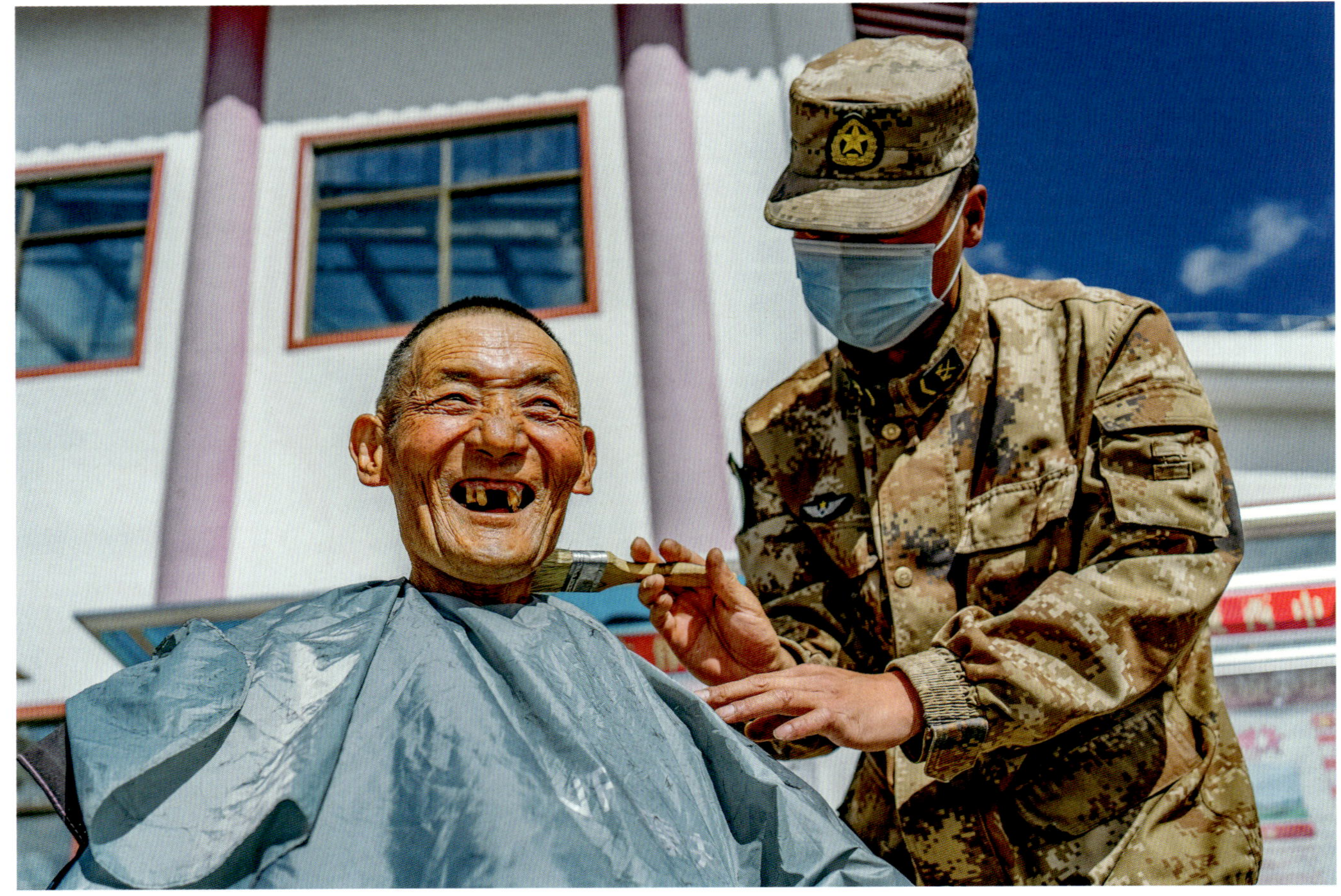

幸福的笑脸
2020 年 7 月，狮泉河镇

▲

藏汉联姻
2021 年 4 月，狮泉河镇

▼

巡边员的生活
2021 年 4 月，噶尔县

▲

为戍边军人检查身体
2020 年 7 月，狮泉河镇

▼

为群众测量血压
2020 年 7 月，噶尔县

▲

萨让乡
2022 年 5 月, 札达县

▼

楚鲁松杰乡
2022 年 5 月, 札达县

▲

底雅乡
2021 年 4 月, 札达县

▼

科迦村
2020 年 8 月，普兰县

▲

西德村
2020 年 8 月，普兰县

▼

多油村
2020 年 8 月，普兰县
▲

日土村
2020 年 10 月，日土县

扎西岗乡
2021 年 8 月，噶尔县

▼

典角村
2019 年 10 月，噶尔县

▶

乌江村
2019 年 10 月，日土县

▼

阿里地区
英雄人物

李狄三

原名李颜勇，河北无极人，中共党员。独立骑兵师一团党代表、进藏先遣连总指挥。1950 年 7 月 31 日，李狄三率领由 7 个民族 135 名指战员组成的先遣连向西藏阿里地区挺进，在遭遇高原缺氧、风雪严寒、缺衣少粮等极端困难的情况下，率先与阿里噶本政府代表达成了《五项和平协议》。1951 年 5 月 28 日，李狄三将两本进藏行军日记交给后续部队领导安志明后，永远地闭上了眼睛。先遣连以 63 名官兵的生命为代价，换取了西藏阿里的和平解放，1951 年被授予“进藏先遣英雄连”荣誉称号，全连官兵各记大功一次，李狄三被追授为“人民功臣”。

彭青云

四川蓬溪人，中共党员。二军四师特等战斗英雄、先遣连副连长。进军西藏时，彭青云总是带领侦察班走在前面挖雪开路，配合连长曹海林、指导员李子祥战胜各种困难，进驻扎麻芒堡。李狄三病逝后，他带领英雄连继续当先锋，配合后续部队完成了剿灭新疆土匪、解放全阿里的光荣任务。1952 年，他被新疆军区推选为代表，到北京参加新民主主义青年团第二次代表大会，并受到周总理的亲切接见。他把周总理的指示带回阿里，极大地鼓舞了阿里军民。

安志明

河南禹县人，中共党员。老八路、阿里骑兵支队支队长兼政委。安志明坚毅果敢，率领后续部队进藏，剿灭土匪，解放了阿里。之后，他担任中共阿里分工委首任书记，为开辟地方工作、稳定阿里、守卫边防做出了卓越的贡献。1953 年，他因病下山，任南疆军区副参谋长，1962 年又以前指代参谋长身份到阿里等地参加了中印边境战斗，后任乌鲁木齐军区步校教务长，1983 年在乌鲁木齐逝世。

田武（右）/ 丹增加措（左）

田武，汉族；丹增加措，藏族，日土人。西藏和平解放后，由于地理位置关系，阿里防务一直由新疆军区管辖。昆仑天险，山高路远，特别是在公路未修通前，运输粮食、物资是个大问题。为此，新疆军区派田武侦察队于 1951 年随进藏部队到达藏北日土宗，在善和村请曾到过新疆的藏族同胞丹增加措为向导，沿古丝绸之路勘察出了经昆仑山口桑珠大坂到新疆皮山县的近道。1952 年，我军在桑珠山村建立阿里兵站，集中独立骑兵师全部骆驼和 400 匹马向昆仑山进发，为阿里部队运送了救命粮。田武和丹增加措成为踏勘、开通这条进藏之路的有功之臣。

孙占文（右）

原一军情报参谋，与妻子刘佩珍均参加过昌都战役。1953 年，从西北军区调阿里支队任情报股长，夫妻二人在阿里工作 9 年。1955 年，孙占文奉张国华司令员之命，与阿里贸办经理牛青山带一个汽车队，拉上人员、物资，从黑河闯向阿里，一路上几经苦难，终于把“铁牛”开到了雪域高原上，创造了“先有汽车，后修公路”的传奇历史。之后，又为开通新藏公路立下了汗马功劳。他先后担任阿里支队副支队长、新疆军区情报部科长、阿勒泰军分区副司令员，后离休到石家庄，现已逝世。

刘少稚

河北深县人，1939 年参加革命工作并入党，1948 年入伍，任二纵队保卫部干事，后任南疆军区保卫科科长、法院院长。1962 年任边防二团政委，指挥了天文点防区的反蚕食斗争和自卫反击作战。1963 年任在叶城的前指政治部副主任。1964 年调阿里支队任政委、分工委书记，后任阿里“革委会”主任、军分区政委。他为阿里军地建设事业呕心沥血，虽经“文化大革命”的冲击，但仍使阿里社会安宁，并拨乱反正，开创了阿里地区工作新面貌。1971 年调任喀什军分区政委，后任乌鲁木齐军区后勤部政委。2017 年在西安逝世。

司马义 · 买买提

新疆维吾尔自治区英吉沙县人。司马义 · 买买提是一位雷锋式的维吾尔族好战士，吃苦带头，处处争先。1962 年，他参加了中印边境自卫反击作战。部队转战西藏阿里，围歼碟木绰克入侵印军，司马义 · 买买提等人在 10 月 26 日夜奉命向羌山口之敌发起进攻。汽车闯到敌碉堡前，突遭印军射击。司马义 · 买买提身中三弹，仍坚持和另一位塔吉克族战士以步枪回击，掩护受伤的副连长下车指挥战斗，同时也让副班长阿布都瓦依提转过了重机枪开始向敌射击。直到眼看我军胜利，司马义 · 买买提才慢慢倒下，壮烈牺牲。战后骑三团党委追认他为共产党员，新疆军区为他追记一等功，国防部授予他“战斗英雄”光荣称号。

罗光燮

四川乐至人，中共党员。边防部队某部工兵连战士。1962 年夏，罗光燮随部队上昆仑山参加中印边境自卫反击战。在加勒万河谷战斗中，他手脚冻伤，被强制送进康西瓦医疗站，但6次要求出院，自行搭便车回到本单位。1962 年 11 月 18 日，他所属的工兵排被配属给阿里支队四连，攻打莫尔多山头上印军 16 号强固据点。当我军攻入第二道雷区时，敌人的炮火猛烈。罗光燮眼看战友一个个倒下，怒火中烧，拿起爆破筒冲上去。轰的一声，他的左脚被炸，爆破筒也滚向一边。但当他清醒过来，又用身体顺坡向前滚去，又一声爆炸，他失去了右臂，但他仍继续向前滚动，直到再次引爆地雷壮烈牺牲，年仅 21 岁。战后，罗光燮被追认为共产党员，追记一等功，被国防部授予“战斗英雄”光荣称号。

王忠殿

河南焦作人，中共党员。边防部队某部战士。1962 年印军侵入我国大片领土后，王忠殿随部队上喀喇昆仑山展开反蚕食斗争。11 月 18 日，我边防部队在拔除印军设在我莫尔多山口两侧印军顽固据点时，王忠殿为了炸毁敌军碉堡，和敌人展开激烈争夺。他把爆破筒塞进碉堡，不料被敌人推出来；他又塞进去，敌又推出；愤怒的王忠殿一面拉火，一面用胸膛把爆破筒死死顶了进去。一声巨响，碉堡开花，十几个印军被炸死。王忠殿被震出 5 米之外，脸色安详，光荣献身。战后，他被追认为共产党员，追记一等功，国防部授予他“战斗英雄”光荣称号。

张代荣

四川广安人，中共党员。边防部队某部七连副指导员。1962 年中印边境自卫反击战中，张代荣先后参加了天文点及碟木绰克两次大战役。11 月 18 日凌晨，当我军发起最后的热琼战斗时，张代荣带着担架组随突击队进入印军阵地，冒着枪林弹雨抢救伤员。他正准备为战士常学广包扎时，又一发炮弹飞来，张代荣立即纵身扑在常学广身上。一声爆炸，常学广得救了，而张代荣下半身被炸烂，一条腿被炸坏，但仍坚持让担架先去抬别人，最终因失血过多，英勇牺牲。战后，新疆军区为张代荣记一等功，国防部授予他“爱兵模范”光荣称号。

刘连友

甘肃庄浪人，中共党员。阿里骑兵支队四连炊事员。1962 年中印边境战最后时刻，刘连友所在四连组织突击队进攻，但身为炊事员的刘连友未能入选。他几次找到连长，希望能上前线，最后连长只得答应让他当通信员。刘连友高兴极了，也拿出钱来要交党费。连长说：“你是团员，交啥党费！”刘说：“这次战斗下来，我会成为党员的！”就这样，他随连长爬上高山，参加了战斗。为了传递情报，他在雷区三进三出，机智地避开地雷、躲过敌炮，出色完成任务。之后又主动请缨，从雷区背出负伤和牺牲的战友，并帮忙照顾伤员。三排长吴勇强头部受伤，眼睛看不见，刘连友便用自己的舌头舔去他眼窝中的冰血，终于让这位英雄排长看到了我军收复后的壮丽山河。战后，刘连友荣立一等功，也如愿入了党。

袁国祥

甘肃张掖人，中共党员。1949 年 9 月，参加中国人民解放军西进大军，1954 年随部队首次踏访阿里高原。历任第二军政治部摄影员，南疆军区政治部干事、副处长、处长，参加了 1962 年西线对印作战。1978 年任阿里军分区政治部主任，1982 年任政委、党委书记。袁国祥积极弘扬进藏英雄连的革命精神，强调干部爱护战士，保障阿里十年间再未发生边防恶性事件；胜利完成了三年边防大建设的任务。1988 年后，他调任南疆军区纪委副书记，授少将军衔。曾立三等功两次，荣获解放功勋荣誉奖章。袁国祥热爱阿里，曾发表摄影作品 1000 余幅，出书 20 余部，为宣传新疆解放以来的历史和阿里边防的光辉历史发挥了重要作用。

孔繁森

山东聊城人，中共党员。自 1979 年起，孔繁森两次进藏工作，勤政为民，促进当地经济社会发展和民族团结。1992 年年底，他在第二次援藏工作结束后，被任命为阿里地委书记。为了摸清情况，他带领群众探索脱贫致富的路子，跑遍了全地区 106 个乡中的 98 个，行程 8 万多公里，与藏族群众结下了深厚友谊。1994 年 11 月 29 日，孔繁森带队完成了赴新疆塔城考察边贸的工作，在返回阿里的途中不幸发生车祸，以身殉职，时年 50 岁。被追授为“模范共产党员”“优秀领导干部”，荣获“改革先锋”“全国民族团结进步模范”“全国先进工作者”等荣誉称号，2009 年当选 100 位新中国成立以来“感动中国”人物。

刘继华

汉族，中共党员，曾任阿里札达县委书记。1976 年 10 月，刘继华响应国家号召，扎根在了“天边阿里”。一间低矮的土房里，两个挂面箱子拼叠起来，盖上木板和报纸，便是他的办公点。当地老百姓说，札达县的道路，是刘继华一步一步丈量出来的。为官十七载，这位“清贫苦行僧”深入基层，一切从简，始终践行初心使命，在雪域高原上创造了人间奇迹。其事迹先后被《人民日报》《西藏日报》刊登报道。

王惠生（左二）

北京市人，回族，中共党员，曾先后担任阿里地区团委副书记、地委宣传部部长、电视台台长、地委党校副校长、地区政协副主席等职。1967年，王惠生积极响应党中央“上山下乡”的号召，从北京奔赴黑龙江国营七星农场十七生产队，参加支边建设。1979年6月，在全国数千万知青返城的高潮中，他反而选择前往西藏最艰苦的阿里地区工作。他公而忘私，一心为民，经常深入农牧民家中，嘘寒问暖，送钱送物。他从不徇私情，不让家属以任何借口任何方式占公家的便宜，甚至不让家属搭乘单位的“顺风车”。在阿里工作的30年间，王惠生从来没有放松过自己，大事的间隙都被小事填满，以致身患多种高原疾病。阿里人民由衷地称他为“活着的孔繁森”。1994年，王惠生与孔繁森一起当选为“全国民族团结模范”。西藏自治区党委授予王惠生“优秀共产党员”光荣称号。

张宇（左）

陕西岐山人，中共党员，曾先后担任共青团金台区委副书记、书记，金台区区长助理、副区长，中共金台区委常委、组织部长，中共宝鸡市委副秘书长。2010年6月，张宇积极响应组织号召，参加对口支援西藏工作，任西藏自治区阿里地区噶尔县委书记。他不畏艰难，追求卓越，克服环境、语言、生活、身体等方面诸多困难，切实把“科学援藏、真情援藏、奉献援藏”的工作理念落实到工作实践中。他舍小家顾大家，在噶尔县发生风雪灾害和维稳形势严峻之际，两度放弃休假返回工作岗位，靠前指挥，保障了人民群众的生命财产安全，被誉为组织放心、群众信赖的好干部。2012年8月22日，因心脑血管疾病引发急性心梗，经抢救无效，在西藏噶尔县不幸因公牺牲，年仅44岁。

张良善

陕西安康人，中共党员，西藏运输兵。从 1986 年到汽车营跟车开始，张良善在 20 多年间往返于新藏线 100 多次，共行车 60 多万公里，输送物资 750 多吨，被官兵们称为“新藏线上的红细胞”。他两次荣立二等功，六次荣立三等功，连续两年被评为“昆仑卫士”，先后被授予兰州军区“军交运输先进标兵”、西北军营“十大杰出青年”、“红旗车驾驶员”标兵、“高原模范汽车兵”、新疆维吾尔自治区“十大杰出青年”等荣誉称号，2001 年 11 月被评为“共和国的脊梁卫士”。（袁学军 / 摄）

祁发宝

汉族，中共党员，时任陆军某边防团团长。2020 年 6 月，有关外军公然违背与我方达成的共识，越线搭设帐篷。祁发宝本着谈判解决问题的诚意，仅带几名官兵前出交涉。但对方早有预谋，潜藏、调动大量兵力，企图凭借人多势众迫使我方退让。祁发宝组织官兵们组成战斗队形，与数倍于己的外军对峙，身负重伤。我增援队伍及时赶到，一举将来犯者击溃驱离，取得重大胜利。外军溃不成军、抱头逃窜，丢下大量越线和伤亡人员，付出了惨重代价。战斗过程中，边防团营长陈红军、战士陈祥榕、班长肖思远壮烈牺牲；陆军某旅班长王焯冉在渡河前出支援途中，为救助战友牺牲。这些新时代卫国戍边的英雄官兵，是“四有”新时代革命军人的杰出代表，是对党绝对忠诚、矢志强军报国的时代先锋。祁发宝荣获“卫国戍边英雄团长”称号，陈红军被授予“七一勋章”、被追授为“卫国戍边英雄”，陈祥榕、肖思远、王焯冉被追记一等功。

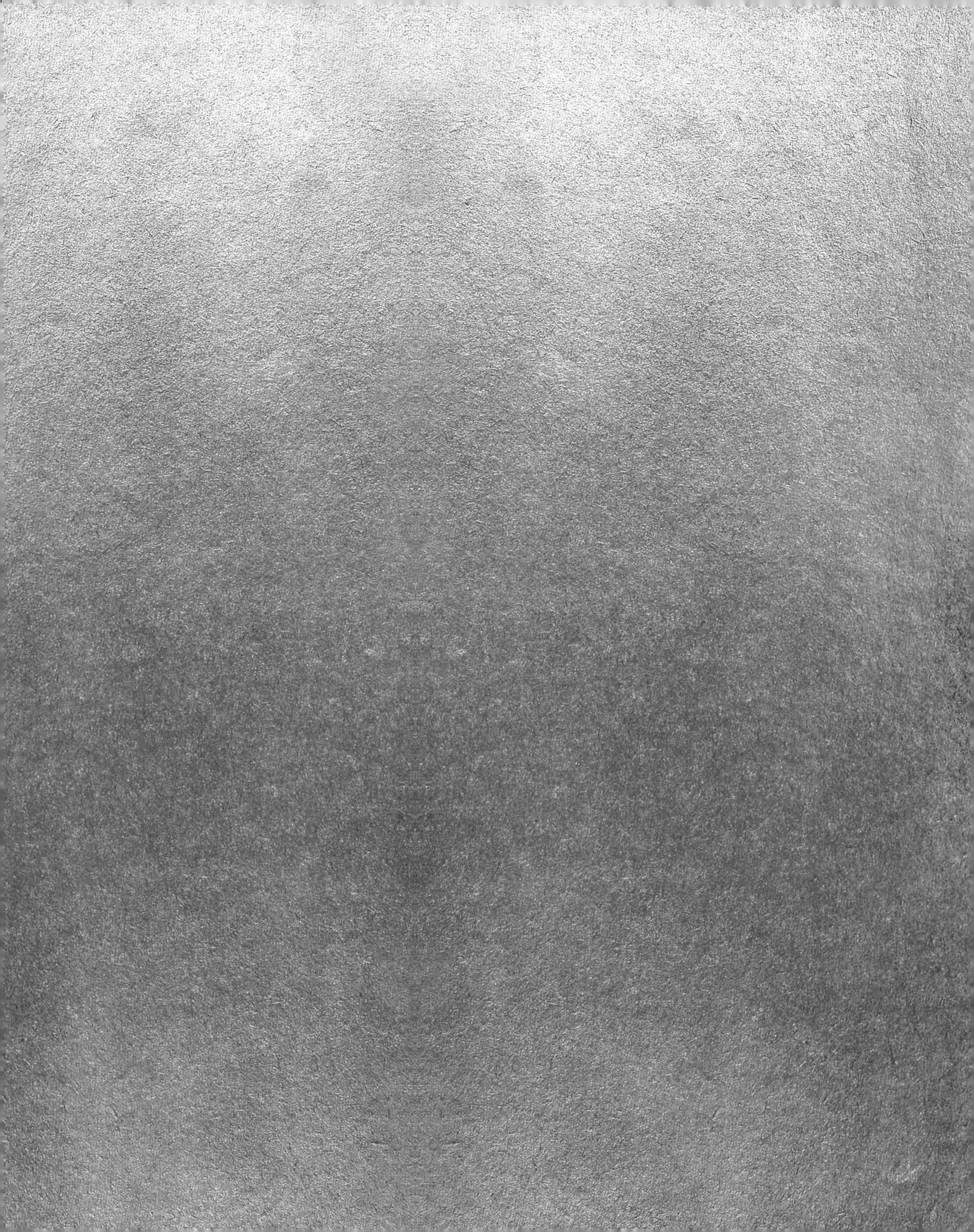

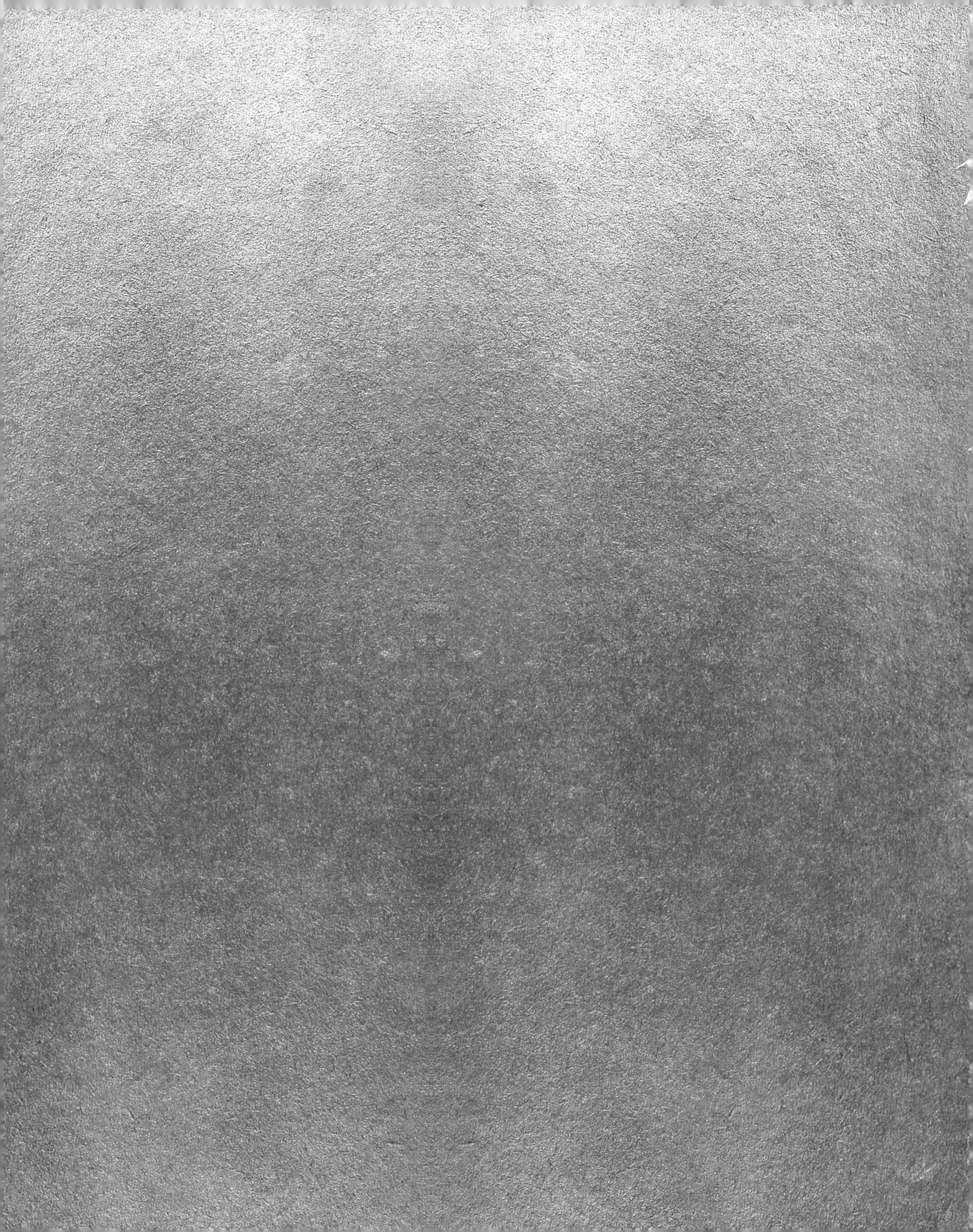